V

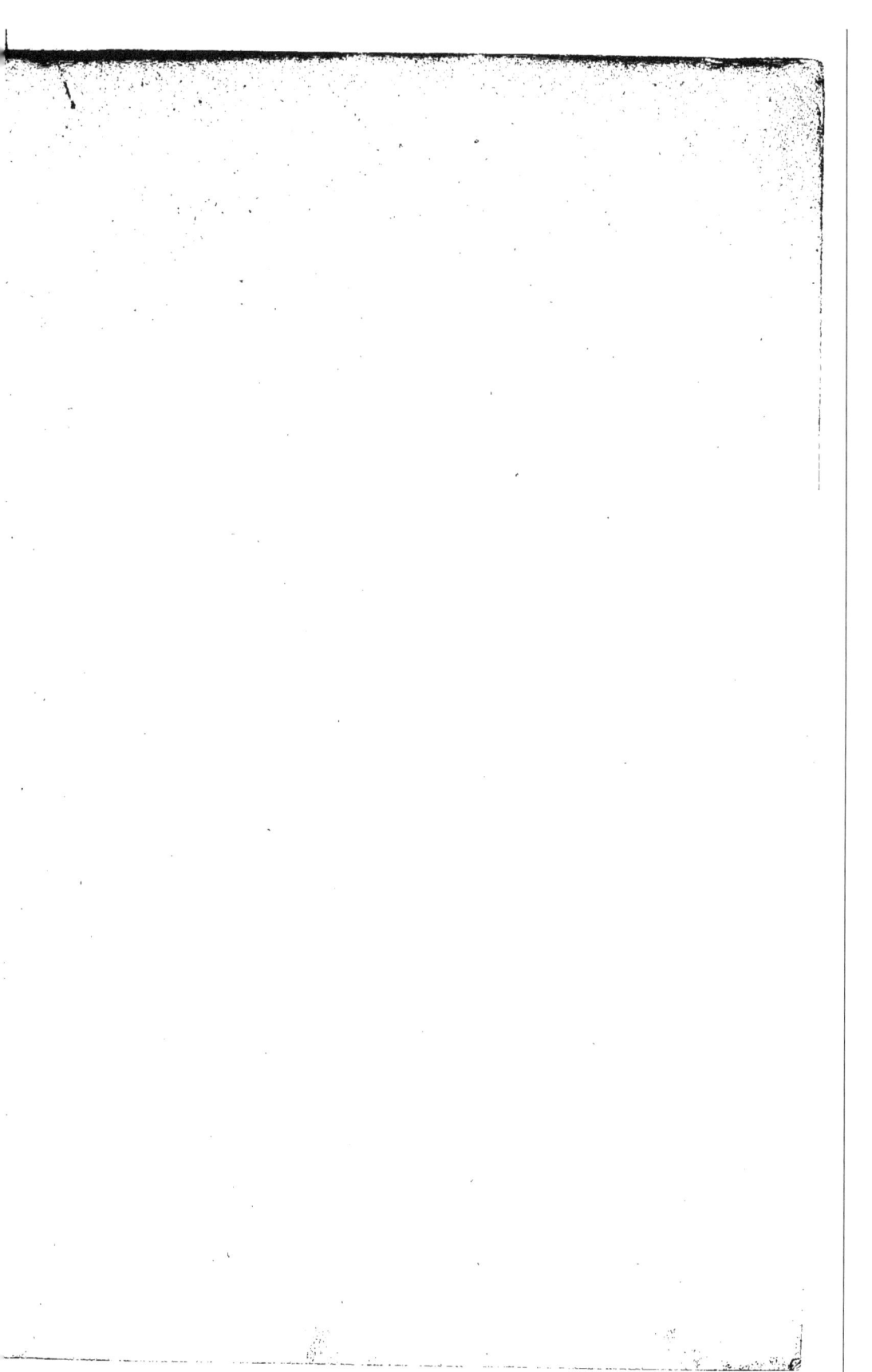

Signé: Gustave Bruat

V
No 815.
1 H:

33370

109

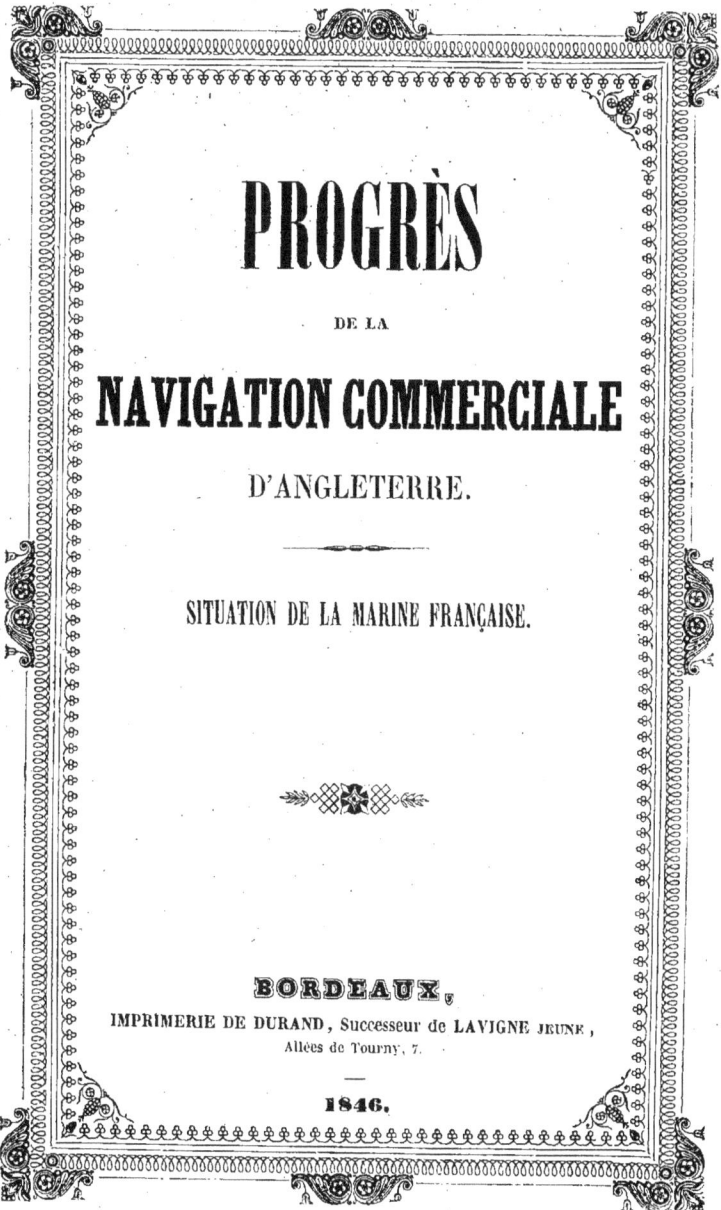

PROGRÈS

DE LA

NAVIGATION COMMERCIALE

D'ANGLETERRE.

SITUATION DE LA MARINE FRANÇAISE.

BORDEAUX,

IMPRIMERIE DE DURAND, Successeur de LAVIGNE JEUNE,
Allées de Tourny, 7.

1846.

PROGRÈS

DE LA

NAVIGATION COMMERCIALE D'ANGLETERRE.

SITUATION DE LA MARINE FRANÇAISE.

La question maritime est décidément à l'ordre du jour. Il y a unanimité de volonté pour que la France possède sur les mers une puissance digne du rang qu'elle occupe en Europe ; mais peut-être ne comprend-on pas encore assez que la prépondérance navale ne saurait appartenir qu'au peuple le plus marchand.

Des travaux du plus grand mérite ont récemment signalé le marasme, les souffrances de la marine commerciale de la France. L'*Appel au gouvernement et aux Chambres*, par M. Fontmartin de l'Espinasse, directeur du port de Bordeaux, se distingue par une justesse de vues, une connaissance approfondie des besoins impérieux de la marine, qui font de ce mémoire remarquable l'un des écrits les plus utiles qui aient été mis au jour depuis longtemps.

Le rapport présenté au conseil général du commerce par M. Théodore Ducos, député de la Gironde, sur l'admission en franchise de droits des fers, tôles et cornières étrangers, destinés à la construction des navires, est un chef-d'œuvre de lucidité et de précision; n'oublions pas d'importants articles dont la plume féconde de M. L. Reybaud a enrichi la *Revue des Deux-Mondes*, et notamment le numéro du 1er mars 1846.

1846

Il n'est rien de pire que de venir répéter ce que d'autres ont dit avant nous et beaucoup mieux que nous. Si nous prenons la plume, c'est que nous croyons pouvoir ajouter quelque chose à tous les renseignements déjà mis sous les yeux du public.

I.

Des documents officiels, présentés il y a quelques jours au Parlement, par les soins de sir Robert Peel, fournissent, sur les progrès de la navigation commerciale de la Grande-Bretagne, des données dignes de l'attention la plus sérieuse; elles acquièrent un nouvel intérêt lorsqu'on les rapproche de la situation de la marine en France.

Des faits aussi graves ne devaient pas rester enfouis au fond de publications britanniques destinées à ne pas trouver trois lecteurs en France, ou à n'en sortir que mutilés et tronqués dans des extraits rapidement faits ou peu correctement traduits pour des journaux.

Le relevé pendant vingt-quatre ans de l'effectif de la marine marchande britannique, relevé arrêté à la fin de chaque année, ne demande point à être ici transcrit en entier. Bornons-nous aux sept premières et aux sept dernières années qu'il embrasse :

1820.	25,374	navires	2,648,593	tonneaux.
1821.	25,036	—	2,560,203	—
1822.	24,642	—	2,519,044	—
1823.	24,542	—	2,506,760	—
1824.	24,776	—	2,559,587	—
1825.	24,280	—	2,553,682	—
1826.	24,625	—	2,635,644	—
1838.	26,609	—	2,890,004	—
1839.	27,745	—	3,068,433	—
1840.	28,962	—	3,311,538	—
1841.	30,052	—	3,542,480	—
1842.	30,845	—	3,649,850	—
1843.	30,983	—	3,588,387	—
1844.	31,320	—	3,637,231	—

Ainsi il y a eu, en vingt-quatre ans, un accroissement de 98,678,000 tonneaux, soit de plus d'un tiers.

Comparons cet état de choses à celui qui se manifeste en France.

Dans un des documents que le ministère a fait distribuer

aux conseils généraux du commerce, de l'agriculture et des manufactures, lors de leur dernière session, l'effectif de la marine marchande se trouve relaté durant dix-huit années. Il a offert à diverses époques les chiffres suivants :

A la fin de	1827.	14,322 navires	692,125 tonneaux.
	1828.	14,447 —	693,381 —
	1831.	15,031 —	684,127 —
	1837.	15,617 —	680,635 —
	1839.	15,742 —	673,308 —
	1842.	13,409 —	589,517 —
	1843.	13,656 —	599,707 —
	1844.	13,679 —	604,637 —

Cette diminution, il est vrai, est plutôt apparente que réelle, puisqu'en 1840 un grand nombre de bâtiments hors de service ont été rayés des états de situation, et puisque l'ordonnance royale du 18 novembre 1837 réformant un système de jaugeage onéreux pour notre navigation dans les ports étrangers, a réduit de 15 à 16 p. 100 le tonnage légal. Il n'en résulte pas moins qu'après dix-huit ans la France se trouve avoir moins de navires marchands qu'elle n'en avait alors, et qu'en ce moment même c'est tout au plus si son effectif arrive au sixième de celui de l'Angleterre. En 1827, notre avoir dépassait le quart de celui de nos voisins. (692,000 tonneaux contre 2,460,000.) Nous reculons tandis que nos rivaux progressent. Leur supériorité deviendra de plus en plus considérable, à moins qu'on ne se décide enfin à appliquer à notre marine le seul remède qui puisse la sauver, une large réforme douanière.

Nos lecteurs auront remarqué que les bâtiments anglais sont d'un tonnage bien plus fort que les nôtres. A la fin de 1844, les chiffres ci-dessus donnent 116 tonneaux, 13 centièmes, terme moyen, par navire appartenant à la Grande-Bretagne, et 44 tonneaux 21 centièmes seulement par navire français. L'état publié par notre administration des douanes ne constate-t-il pas que sur les 13,679 navires attachés à nos ports à la fin de 1844, 6,487 (près de la moitié!) étaient de *dix* tonneaux et au-dessous? 1,227 allaient de 10 à 20 tonneaux, et 1,186 de 20 à 30 Un seul navire, un seul, dépassait 600 tonneaux : il arrivait à 625; il n'avait rien au-dessus de lui. En 1827, nous possédions trois navires de 800 tonneaux et six de 600. Les causes et les conséquences de cet abaissement progressif dans le tonnage de notre effectif maritime sont expliquées de main de maître dans le *rapport* de M. Ducos. Nous y renvoyons à cet égard.

II.

Le degré d'activité de la marine britannique présente un progrès encore bien plus remarquable que celui de son effectif ; nous en avons la preuve dans un relevé authentique émané du *Bourd of trade* (*statistical department*), et daté du 9 mars ; il a été reproduit dans un journal très-habilement rédigé, l'*Economist* du 21 mars 1846.

Afin de présenter des résultats plus condensés et plus frappants, nous avons pris la peine de calculer le mouvement de l'entrée et de la sortie réunies. Voici les chiffres qui représentent cet ensemble des transports, chiffres qui ne comprennent point les bâtiments sur lest :

	NAVIRES ANGLAIS.		NAVIRES ÉTRANGERS.		TOTAL.
	navires.	tonneaux.	navires.	tonneaux.	tonneaux.
1832.	20,429	3,573,939	6,840	1,027,380	4,601,319
1833.	20,533	3,643,824	7,927	1,172,844	4,816,638
1834.	20,442	3,748,766	8,317	1,276,711	5,124,477
1835.	21,898	3,947,120	8,726	1,375,767	5,322,887
1836.	21,860	4,038,674	10,397	1,549,210	5,587,884
1837.	22,866	4,107,421	10,773	1,586,416	5,693,837
1838.	24,361	4,522,260	12,482	1,815,296	6,337,556
1839.	26,300	4,953,547	15,238	2,089,673	7,043,220
1840.	27,304	5,216,159	15,131	2,181,674	7,397,833
1841.	28,662	5,525,429	14,057	2,000,156	7,525,585
1842.	29,020	5,415,821	12,056	1,930,983	7,346,804
1843.	29,170	5,646,834	12,374	2,031,957	7,677,791
1844.	28,532	5,694,680	14,447	2,249,720	7,944,400
1845.	30,479	6,616,110	17,151	2,715,675	9,334,785

En quatorze ans, il y a donc une augmentation de 5,330,446 tonneaux, de *cent seize pour cent* sur le mouvement maritime du commerce extérieur de la Grande-Bretagne.

Il est impossible de ne pas être frappé de l'accroissement remarquable qui s'est offert en 1845, accroissement qui a été de 1,120,385 tonneaux. Ce progrès a été la suite des réformes douanières déjà opérées par sir Robert Peel, lesquelles ont amené un excédent des plus notables sur les importations de certains articles. Donnons en quelques exemples :

IMPORTATIONS.

	1844.	1845.
Cacao........	3,734,000 livres.	4,917,000 livres.
Café.........	46,523,000 —	50,385,000 —
Poivre......	8,087,000 —	9,553,000 —
Laine........	65,700,000 —	76,800,000 —
Coton........	5,768,000 qx.	6,442,000 qx.
Sucre........	4,880,000 —	5,811,000 —

Cherchons maintenant quelle a été, dans ces dernières années, la marche du commerce extérieur et maritime de la France. Afin d'offrir des termes de comparaison d'une exactitude irréprochable, je ne remonterai pas au-delà de 1838, je n'enregistrerai que des chiffres venus après la réduction du tonnage, et je m'en tiendrai aux navires chargés à voiles, laissant de côté la navigation à vapeur, qui n'a guère d'activité qu'avec l'Angleterre et l'Algérie, et qui ne transporte pas de marchandises d'encombrement.

	PAVILLON FRANÇ.	PAVILLON. ÉTRANG.	TOTAL.
1838...	979,000 tx.	2,195,000 tx.	3,174,000
1839...	1,063,000	2,285,000	3,348,000
1840...	995,000	2,356,000	3,351,000
1841...	996,000	2,524,000	3,520,000
1842...	939,000	2,548,000	3,487,000
1843...	997,000	2,599,000	3,596,000
1844...	1,022,000	2,538,000	3,560,000

Il y a décadence pour le pavillon français, puisque la moyenne triennale de 1838-40 est de 1,012,000 tonneaux, et celle de 1842-44 tombe à 986,000 tonneaux. A pareilles époques, la moyenne annuelle du pavillon étranger s'élève de 2,278,000 tonneaux à 2,562,000 tonneaux.

Une circonstance frappante : en 1844, le pavillon national a opéré en Angleterre 72 p. 100 des transports, et en France 34 1|2 p. 100 seulement.

Remarquons qu'en 1838-40, la moyenne annuelle du pavillon anglais a été en Angleterre de 4,897,000 tonneaux, et qu'elle est montée en 1843-45 à 5,914,000 tonneaux.

C'est-à-dire qu'il y a eu, en même temps, du côté de la marine française 26,000 tonneaux par an de moins transporter, et du côté de la marine britannique à un million de tonneaux et au-delà de plus. Le chiffre de notre navigation pour 1845 n'est pas encore officiellement connu, mais il ne diffère guère de celui de 1844, et il n'apporte à ce résultat aucune modification importante.

Les bills qu'on vote en ce moment vont donner en 1846 un nouvelle élan à de cette supériorité colossale qu'acquièrent nos voisins.

Il est heureux que les deux systèmes se trouvent en présence ; on pourra apprécier leurs résultats ; on jugera en connaissance de cause.

III.

Les faits démontrent de la manière la plus irrécusable de quelle activité nouvelle la navigation britannique s'est trouvée dotée par suite des réformes commerciales opérées en 1842, en 1844 et en 1845, par sir Robert Peel. Ce résultat était prévu de tous les esprits éclairés ; on se souvenait de l'influence qu'avaient exercée les premières tentatives de réformes essayées en 1824 et en 1825 par Huskisson.

Le mouvement général du commerce extérieur maritime avait été, en nombres ronds :

> De 3,887,000 tonneaux en 1822.
> De 4,129,000   »   1823.
> De 4,958,000   »   1824.

Il fut :

> De 5,850,000 tonneaux en 1825.
> De 5,592,000   »   1827.

Les chiffres que nous avons posés précédemment ne concernent, pour les deux nations, que le commerce avec l'étranger et les colonies. La supériorité de la marine anglaise se révèle avec non moins d'énergie dans la navigation du cabotage. On peut dire que le transport des charbons dans le seul port de Londres et le retour des navires qui ont apporté ce combustible, équivalent au mouvement total qui s'opère entre tous les ports français réciproquement. La navigation des côtes offre bien des difficultés et bien des périls ; aussi est-elle, pour les matelots, la meilleure des écoles.

Il n'existe aucun document officiel relatif au mouvement du cabotage antérieur à 1824. A partir de cette année, et en y comprenant le commerce avec l'Irlande, les tableaux traduits et publiés en 1833 par ordre du ministre du commerce offrent les résultats suivants :

> 1824......... 9,782,000 tonneaux.
> 1825......... 10,034,000   »
> 1830......... 10,002,000   »
> 1831......... 10,098,000   »

Nous n'avons pas en ce moment en notre pouvoir les documents qui établissent l'importance de la navigation au cabotage en Angleterre, durant le cours des quatorze dernières années ; nous savons toutefois qu'entrée et sortie réunies, elle a présenté un total de :

279,426 navires (ou voyages), 22,184,047 tonneaux en 1841.
274,279   »   »   22,626,902   »   1842.

Voici , pour ce qui concerne la France , le mouvement correspondant de nos caboteurs durant les trois dernières années qu'embrassent les publications officielles :

1842..... 183,236 navires, 5,169,732 tonneaux.
1843..... 144,880   »   5,177,840   »
1844..... 150,266   »   5,202,256   »

D'où il résulte que la masse des marchandises transportées sur les caboteurs français n'est que le quart ou le cinquième de celle des objets chargés sur les caboteurs anglais.

IV.

La marine à vapeur est appelée à jouer un trop grand rôle pour que nous l'omettions dans cet aperçu.

Constatons d'abord une réduction assez sensible depuis quelques années dans son effectif réel , quant à ce qui regarde la France. Cet effectif a successivement présenté les chiffres suivants :

Au 31 décembre 1839 85 bateaux 9,818 tonneaux.
            1840   89   9,535
            1841   607   10,183
            1842   108   9,757
            1843   104   9,536
            1844   101   9,293

Ainsi, depuis six ans, il ne s'est jamais trouvé aussi faible qu'au commencement de la dernière année dont les résultats ont été publiés officiellement.

En 1844, l'ensemble du mouvement de la navigation à vapeur, entrée et sortie réunies, a été de 6,545 bateaux (ou voyages), avec chargement donnant un total de 750,000 tonneaux, en nombre rond.

1,651 voyages représentant 234,000 tonneaux, forment la part du pavillon français ; il n'a donc que le tiers à peu près de cette navigation.

Loin de faire des progrès, l'intercourse des *steamers* français indique depuis six années une réduction affligeante sur

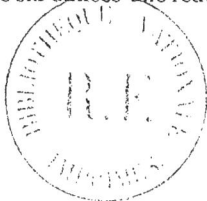

l'ensemble des transports et l'emploi de plus en plus prononcé des bateaux de petite dimension.

Voici, d'après le résumé analytique mis en tête du tableau du commerce extérieur pour 1844 (page XLV), quel a été, à partir de 1838, le total du mouvement des entrées et sorties réunies :

1838...	1,315 navires	233,000 tonneaux.	
1839...	1,324 »	280,000	»
1840...	1,449 »	246,000	»
1841...	1,557 »	209,000	»
1842...	1,505 »	198,000	»
1843...	1,583 »	208,000	»
1844...	1,651 »	234,000	»

Ce qui donne à la moyenne des trois années, 1838-40, une supériorité de 30,000 tonneaux sur le terme moyen des trois années 1842-44.

Le tonnage moyen était en 1839 de 116 tonneaux par bateau ; en 1844, de 92.

Les derniers documents anglais qui nous sont connus ne spécifient pas séparément ce qui concerne la navigation à vapeur, mais nous savons qu'en 1844 les vapeurs de commerce, appartenant aux possessions britanniques en Europe, étaient au nombre de 793, jaugeant 96,067 tonneaux. Dans le cours de cette même année 1844, leur mouvement présenta un total (entrée et sortie réunies) de :

4,401 voyages, 723,570 tonneaux, commerce extérieur.
30,140   »   5,651,930   »   cabotage.

L'effectif s'est considérablement accru depuis trois ans, et nous ne nous éloignons pas de la vérité en estimant que l'effectif des vapeurs employés au transport des marchandises ou des passagers est en Angleterre treize ou quatorze fois plus élevé qu'en France.

V.

Situation de la Marine française.

Après avoir retracé les progrès récents de la navigation commerciale de l'Aangleterre, il s'agit de développer de quelle façon cette marche ascendante s'est accomplie, par suite de l'adoption d'un système tout différent de celui qui avait été suivi durant une longue suite de longs règnes.

L'*Economist* nous fournira, à cet égard, des renseignements d'un vif intérêt.

Le fameux acte de navigation rendu sous Charles II avait interdit l'importation, dans les Etats britanniques, sous autre pavillon que le pavillon étranger, des marchandises venant de l'Europe, de l'Asie et de l'Afrique. Les provenances d'Amérique étaient protégées par des droits différentiels. Cet état de choses dura jusqu'en 1845; la paix conclue avec les Etats-Unis vint alors le modifier.

« Le commerce considérable que l'Angleterre faisait avec l'Union américaine, continua de s'accroître lorsque ce dernier pays eut proclamé son indépendance, avec cette différence toutefois que les navires américains perdirent les privilèges dont ils avaient constamment joui sous le régime de la métropole. Désormais ils furent contraints de venir sur lest pour charger dans les ports anglais des marchandises britanniques, tandis que les navires d'Angleterre prenaient charge à l'aller et au retour. Pareil état de choses ne pouvait durer. Afin de rétablir l'équilibre, les Etats-Unis usèrent de représailles, et jusqu'en 1815 les bâtiments des deux nations durent sortir de leurs ports respectifs sur lest pour y rentrer avec chargement. Les marchandises de provenance anglaise ne purent être expédiées que sous pavillon américain, et les denrées des Etats-Unis ne purent entrer en Angleterre que sous pavillon anglais. Il y eut donc, pendant toute cette période, double emploi de navires, et par suite les consommateurs ne reçurent les denrées que frappées d'une somme double de ce qu'auraient dû être le fret et les frais : il en fut ainsi jusqu'en 1815.

» En 1823, la Prusse établit des droits onéreux sur les bâtiments anglais, en compensation des entraves que les navires prussiens rencontraient à chaque instant dans les ports de la Grande-Bretagne. On comprit alors qu'il était impossible de songer à maintenir plus longtemps l'*acte de navigation*, car traiter séparément avec la Prusse, comme on venait de le faire avec les Etats-Unis, c'était vouloir recommencer le lendemain et successivement chaque jour avec les autres puissances ; mieux valait en finir de suite et conserver au moins les honneurs de l'initiative, aussi M. Huskisson obtint-il du Parlement l'établissement de traités de réciprocité avec les nations commerçantes.

» Depuis cette époque, des traités analogues ont été signés avec le Prusse, le Hanôvre, le Danemarck, le Mecklenbourg, l'Oldenbourg, la Grèce, les villes anséatiques, la Plata, la Colombie, la Hollande, la France, la Suède, la Norwège, le Mexique, le Brésil, l'Autriche, la Russie, le Portugal.

» Depuis 1825, époque où les traités de réciprocité ont été conclus, les armateurs anglais n'ont cessé de réclamer. A les entendre, pareille politique avait ruiné le commerce, et les conséquences désastreuses de la concurrence étrangère devaient anéantir la navigation britannique.

» Le Parlement se livra à des enquêtes minutieuses pour s'assurer de la réalité de ces griefs, de la justice de ces plaintes, et les chiffres que nous avons reproduits démontrent jusqu'à quel point ces doléances méritent confiance.

» Nous avons fait connaître le nombre exact des navires existant à la fin des diverses années depuis 1820 jusqu'à 1844, ainsi que leur tonnage. A la fin de 1823, ce chiffre était de 2.506,760 tonneaux ; depuis cette époque jusqu'à 1844, et indépendamment des navires construits afin de remplacer ceux qui ont été perdus à la mer, nous avons à signaler une augmentation de 1,130,471, soit de 45 p. 100. Un pareil résultat répond d'une manière formelle aux assertions que ne manquaient pas de faire les personnes qui se trouvent bien de la protection, et qui prétendaient que le commerce de la Grande-Bretagne va déclinant sans cesse. Mais le meilleur argument à produire pour établir la supériorité du système de la liberté sur le système prohibitif, c'est de comparer quelle marche a suivi l'accroissement de la marine marchande durant les vingt-cinq ans qui ont précédé et les vingt-cinq ans qui ont suivi l'essai de la révolution commerciale tentée par Huskisson. Cet examen nous donne les résultats suivants :

Tonnage des navires existants à la fin de 1804...... 2,268,570
— — 1823...... 2,506,760

Accroisssement.................. 238,190

ou 10 p. 100.

En 1823............................. 2,306,760
En 1844............................. 3,637,231

Accroissement.................. 1,130,471

ou 45 p. 100.

» Ainsi, en vingt années, sous le régime de la prohibition, la marine anglaise ne s'accroît que de 10 p. 100.

» Depuis l'abolition de la loi restrictive, et dans une égale période, elle s'accroît de 45 p. 100, et, chose incroyable, c'est ce dernier système que les hommes *du métier* proclament comme désastreux et fatal !

» Nous avons également retracé la marche progressive du commerce anglais et du commerce étranger depuis 1832 jusqu'à 1844, en recherchant pour la première et pour la dernière de ces années quel a été, à l'égard de chaque pavillon, l'ensemble du mouvement, nous trouvons :

```
  1832 Navires anglais.....................  3,573,939 ton.
   —  Navires étrangers...................  1,027,380
  1845 Navires anglais.....................  16,617,110
   —  Navires étrangers..................  2,715,675
```

Accroissement du mouvement général pendant cette période :

```
        Pour l'Angleterre........  3,043,171 ton.
        Pour l'étranger..........  1,688,295
```

» Allons au devant d'une objection.

» On a prétendu infirmer les résultats que présentent ces chiffres, en disant que les paquebots à vapeur, et surtout ceux de la Manche, qui transportent une immense quantité de voyageurs, entrent dans ce nombre et ne devraient pas y figurer. Cette allégation est fausse de tous points. Les paquebots partent tous ou presque tous sur lest; ils ne prennent pas de cargaison , et ne figurent nullement sur les relevés officiels qui ont fourni les éléments du tableau que nous avons donné. Qui donc , en définitive , a gagné à l'abolition du système prohibitif? Sont-ce les armateurs anglais ou ceux des autres puissances, et faut-il redouter la concurrence étrangère?

» Si tout fût resté dans la position de 1823, les navires anglais eussent été exclus des Etats-Unis, de la Prusse , et plus tard enfin, de toutes les nations avec lesquelles nous avons successivement traité.

» Et pendant tout le temps qu'a duré cet immense accroissement de notre commerce maritime, quel a été le langage de nos armateurs ? Voici ce qu'ils disaient en 1834 :

« La décadence journalière du commerce britannique, sa perte
» imminente par les modifications sans fin que veut faire subir aux
» lois qui le régissent le libre champ ouvert à la concurrence ef-
» frénée de l'étranger, la ruine que subit le fret par navires anglais,
» sont autant de faits déplorables et d'une irréfragable vérité. C'est
» maintenant un fait accompli, un mal sans remède. »

» Tel était le langage de nos armateurs, tandis qu'ils doublaient et triplaient leurs capitaux, et chaque fois que le ministère a proposé comme remède à ces plaintes obstinées, la réduction des droits sur les bois et les comestibles, il n'a pas rencontré d'adversaires plus acharnés que ces mêmes armateurs. C'est encore ainsi que les armateurs qui ont constamment réclamé si haut, aide et protection en faveur de nos colonies, ont, dans leur rapport de 1814, par un revirement étrange, demandé l'établissement d'un droit sur les bâtiments construits dans les chantiers coloniaux. »

Les faits sont venus donner la plus éclatante des sanctions aux principes proclamés par M. Huskisson ; mais il

serait difficile de donner une idée des clameurs furieuses
qui assaillirent ce grand homme d'Etat lorsqu'il voulut
modifier une loi que l'Angleterre s'était habituée à regar-
der comme étant la garantie de sa suprématie navale,
comme le gage, pour elle, de l'empire des mers. Il fut dé-
noncé comme un traître; il fut voué à l'exécration des
masses; l'ignorance et l'égoïsme déchaînèrent contre lui
les passions populaires. Il tint tête à l'orage; il fit, à force
de fermeté et de bon sens, adopter par le Parlement,
en dépit de l'opposition la plus acharnée, des mesures
qu'on proclama comme devant ruiner la marine commerciale de l'Angleterre; et cette même marine a, depuis,
marché en avant avec un redoublement inouï d'activité.
Ce fut dans une de ces discussions tumultueuses qu'Huskisson fit entendre ces nobles paroles, où se montre le vé-
ritable génie de la liberté commerciale dominant de bien
haut les tristes et funestes jalousies nationales : « J'espère
bien que je ne ferai plus partie des conseils de l'Angleterre
lorsqu'il sera établi en principe qu'il y a une règle d'indépendance et de souveraineté pour le fort et une autre pour
le faible, et lorsque l'Angleterre, abusant de sa supériorité
navale, exigera pour elle des droits maritimes qu'elle mé-
connaîtra pour les autres. »

V.

Revenons à ce qui concerne la situation de notre marine
commerciale, et, afin de nous rendre compte du peu d'importance de la navigation au long-cours, examinons quelle
était la force des équipages à bord des bâtiments expédiés
en 1844. On en trouve le détail au *Tableau du commerce extérieur* (page 588):

24 navires partis pour l'Asie, 403 hommes.
302 » pour l'Amérique, 3,844 hommes.
488 » pour les colonies, 6,394 hommes.

Total : 10,641 marins, chiffre qui doit éprouver une réduction d'un tiers environ, puisque bon nombre des 814
navires ci-dessus ont effectué plus d'un voyage dans le
cours de la même année. Il ne reste donc que trop vrai que,
dans son état de langueur, la navigation au long-cours
emploie un nombre de marins à peine suffisant pour armer
six vaisseaux de ligne et autant de frégates.

La grande pêche offre plus de ressources, puisque les
429 navires expédiés en 1844 pour la pêche de la morue, et

jaugeant 54,052 tonneaux, comptaient 11,843 hommes d'équipage (un homme pour 4 tonneaux 3[4); mais cette branche de navigation se ressent, elle aussi, de la souffrance qui paralyse tous les genres d'armement; depuis sept ans, elle présente une réduction d'un quart environ, ainsi qu'il résulte du tableau suivant :

GRANDE-PÊCHE (entrée et sortie réunies).

1838.......	1,137	navires.	150,000	tonneaux.
1839.......	1,063	—	140,000	—
1840.......	996	—	130,000	—
1841.......	948	—	124,000	—
1842.......	945	—	121,000	—
1843.......,	971	—	123,000	—
1844.......	879	—	114,000	—

La pêche côtière montre de son côté une infériorité flagrante avec l'Angleterre; le relevé officiel porte, au 31 décembre 1844, 6,431 bateaux, montés par 27,286 hommes, lesquels, déduction faite des non-valeurs, ne doivent guère compter que pour 22,000 hommes. La population adonnée à la petite-pêche, sur les côtes anglaises, monte à plus de 150,000 individus. Il est vrai que chez nos voisins, les côtes ont bien plus d'étendue, mais il n'en reste pas moins qu'à espace égal elles offrent le double de pêcheurs que les nôtres. Ceci tient à ce que le poisson de mer entre, en somme, pour fort peu de chose dans l'alimentation du royaume, et à ce qu'il est devenu rare le long de nos rivages, pénurie qu'il est plus juste d'attribuer à l'imprudence humaine que de reprocher à la nature. On peut d'ailleurs, au sujet de cette question, consulter un mémoire fort intéressant de M. le comte d'Harcourt, capitaine de corvette. (*De la pêche côtière*, Paris, 1846, chez Amyot.)

Ne quittons pas ce sujet sans établir, par des chiffres irrécusables et qui embrassent une période consécutive de six années, combien depuis six ans, dans la navigation de concurrence, avec les principales nations commerçantes, le pavillon français perd de plus en plus, tandis que le pavillon étranger redouble d'activité. En groupant les résultats de trois années consécutives, le fait se trouvera établi de la façon la plus claire. Les détails de ce calcul se trouvent au *Tableau* (déjà cité) *du commerce extérieur*, 1844, p. XLVI; ils embrassent l'ensemble de l'intercourse, entrée et sortie réunies.

	1839—41.		1842—44.	
	nav. franç.	nav. étrang.	nav. franç.	nav. étrang.
Russie (Baltique)...	64,000	123,000	64,000	208,000
» (Mer-Noire).	4,300	181,000	3,600	211,000
Suède...........	6,200	131,000	9,700	151,000
Norwège.........	3,100	458,000	1,900	471,000
Angleterre.......	770,000	1;910,000	449,600	2,480,000
Zollwerein..,.....	5,800	158,000	6,400	166,000
Hollande.....	106,000	69,000	58,000	88,000
Autriche..........	18,000	130,000	13,000	160,000
Etats-Unis........	105,000	644,000	60,000	711,000

Ainsi, pour ce qui concerne les sept pays en question, on trouve que la seconde période, comparée à la première, présente, pour le pavillon français, une perte de 319,000 tonneaux (665,000 contre 984,000), et pour le pavillon étranger, un accroissement de 802,000 tonneaux (4,646,000 au lieu de 3,844,000).

Des faits pareils ne sauraient trop vivement préoccuper l'attention publique.

VI.

Nous croyons avoir prouvé qu'à côté du dépérissement de la marine marchande en France, celle de l'Angleterre, grâce aux mesures d'une politique hardie et féconde, progresse à pas de géants.

Mentionnons une circonstance qui donne une nouvelle force à cette assertion.

Dans la séance de la Chambre des communes, le 15 mars 1846, sir Robert Peel a présenté le tableau suivant de l'accroissement d'activité qu'offraient, dans l'intervalle de trois ans, les six ports principaux du Royaume-Uni.

	Navires venant de l'étranger.		Nombre des déclarations faites à la douane.	
	1842.	1845.	1842.	1845.
Londres..........	6,370	7,521	484,000	567,000
Liverpool........	3.285	3,900	188,000	220,000
New-Castle......	642	908	22,000	30,000
Dublin..........	261	307	21,700	30,200
Dundée..........	312	415	7,700	9,600
Glascow..........	280	448	22,000	30,700

Le ministre comptait sur une nouvelle augmentation des plus considérables en 1846. De notre côté, nous pouvons compter sur de nouvelles pertes pour notre marine ; en pré-sence du système de liberté adopté en Angleterre, notre com-merce extérieur ne peut se maintenir si nous persistons dans des lois restrictives ; celles qu'on a votées dans la dernière session portent leurs fruits : un état inséré au *Moniteur*, cons-tate que dans les deux premiers mois de 1846 il n'a été im-porté que 44,000 quintaux de graines oléagineuses ; il en était entré 242,000 dans les deux premiers mois de 1845. Le triomphe de l'honorable M. Darblay et de ses amis est complet ; ils doivent être bien fiers de voir ainsi une perte de 9,900 tonneaux sur les transports en 60 jours ; ils doi-vent bien se moquer de sir Robert Peel qui vient se vanter d'avoir accru le mouvement de la navigation en *supprimant* les droits, tandis qu'eux, en augmentant les taxes, ils ont fait diminuer les arrivages dans nos ports ; ils nous font es-pérer, non sans motifs, que cette diminution ne devienne bien plus considérable. Comment se fait-il qu'on n'élève pas des statues aux protectionnistes qui dotent la France d'un tel bienfait ?

VII.

Nous n'essaierons point de rechercher les causes de l'in-fériorité de la France en fait de navigation ; elles sont bien connues ; le système protecteur a entravé le développe-ment de nos relations commerciales ; la plupart des ports manquent encore de communications économiques avec l'intérieur ; les constructions navales sont plus chères en France que partout ailleurs, grâce à ce même système restrictif qui frappe de droits beaucoup trop élevés les fers, les chanvres, les goudrons, etc. On construit à meil-leur marché que nous au Nord et au Midi. Il a été établi (*Dictionnaire du commerce*, article *Navigation*) qu'un na-vire de 150 tonneaux construit à Marseille coûte 50 p. 100 de plus que s'il était construit à Trieste ; même différence sur les dépenses de l'équipage : aussi la marine de Trieste, qui consistait il y a soixante ans en quelques barques, est aujourd'hui une des plus importantes de l'Europe.

Il est une circonstance qui nous semble n'avoir pas ob-tenu toute l'attention qu'elle mérite : c'est le nombre d'hommes embarqués, beaucoup plus fort en général à bord des navires français que sur les navires étrangers.

Nous avons voulu acquérir sur ce point essentiel des no-tions exactes ; nous avons fait, sur les états officiels, et pour chaque nation séparément, le relevé du tonnage et des équipages des bâtiments étrangers entrés dans les ports français durant une période de cinq années ; en commençant par les navires russes, nous avons dressé le tableau suivant :

1840......	28,325 tonneaux.	1,348 hommes.	
1841......	35,468	—	1,506	—
1842......	40,032	—	1,750	—
1843......	51,591	—	2,262	—
1844......	61,327	—	2,721	—

216,743 tonneaux. 9,587 hommes.

Soit 22 tonneaux 60100 par homme d'équipage.

En continuant de dresser de semblables relevés , nous avons trouvé pour les autres peuples :

BATIMENTS.

Suédois..........	163,510 tx.	8,870 hom.	18 tx.	13 par hom.
Norwégiens......	821,367	44,885	18	29 —
Danois..........	60,886	3,978	15	30 —
Prussiens........	234,323	10,761	21	49 —
Anséatiques.....	75,527	4,199	17	98 —
Hollandais.......	122,352	6,785	15	51 —
Anglais..........	2,605,847	239,228	10	80 —
Espagnols.......	193,011	34,669	5	65 —
Sardes....	260,496	35,604	7	34 —
Napolitains......	215,436	21,959	11	36 —
Autrichiens.......	115,245	22,479	18	47 —
Américains.......	782,823	29,287	26	71 —

Il résulte de l'aperçu qui précède que , de tous les peuples du Nord, les Russes l'emportent pour transporter le plus de marchandises avec le moins de monde, tandis qu'en Espagne un homme est nécessaire pour chaque transport de 5 tonneaux et demi.

A côté des chiffres ci-dessus , plaçons ceux qui concernent la navigation française.

Nous avons achevé un travail semblable sur les bâtiments français venus, durant les cinq années en question , des mêmes pays qui nous avaient concurremment expédié leurs propres navires.

Voici ce qui concerne la Russie :

1840.....	13,525 tx.	1,024 hom.
1841.....	12,154	958
1842.....	14,474	1,163
1843.....	11,593	893
1844.....	13,913	1,022

	65,659 tx.	5,060 hom.	12 tx. 97 par hom.

Suède...........	13,423 tx.	888 hom.	15 tx.	11 par hom.	
Villes-anséatiques..	62,596	8,061	7	76	—
Angleterre........	672,706	79,902	8	52	—
Hollande........	52,512	6,708	7	82	—
Espagne........	180,768	17,993	10	60	—
Sardaigne........	338,426	36,069	9	38	—
Deux-Siciles......	36,069	8,235	4	37	—
Autriche........	16,630	1,049	16	32	—
Etats-Unis........	81,381	3,765	21	61	—

En rapprochant ces chiffres de ceux qui précèdent, on voit que partout, si ce n'est en Espagne et dans les États sardes, le pavillon étranger emploie, à tonnage égal, bien moins de bras que la navigation française.

Un marin français conduit 9 tonneaux 63[100 de moins qu'un matelot russe, 3, 32 de moins qu'un suédois, 7, 69 de moins qu'un hollandais, 2, 15 de moins qu'un autrichien, 5, 10 de moins qu'un américain.

Cette différence contribue à maintenir le prix du fret par navire français au-dessus du prix que réclament, de leur côté les bâtiments étrangers. Nous laissons à des hommes spéciaux le soin d'étudier les causes de la supériorité numérique de nos équipages; ils rechercheront les moyens de remédier à un état de choses que nous tenions à bien préciser.

Les faits que nous nous sommes attachés à réunir et à exposer résultent de longues recherches entreprises à l'aide de publications étrangères ou administratives; bien peu de personnes ont l'occasion de consulter et d'examiner ces volumineux documents. Nous espérons que notre travail ne sera pas tout à fait inutile aux défenseurs des grands intérêts maritimes. Les principales chambres de commerce du royaume forment en ce moment une association qui se propose *l'extension de la navigation nationale par le développement des relations maritimes du pays.* Dans cette union des ports, Bordeaux est dignement représenté. Le zèle et le talent des personnes qui dirigent cette association garantissent que leurs généreux efforts seront couronnés de succès.

Le budget de la marine dépasse cent millions par an; les Chambres, le pays souscrivent volontiers à tous les sacrifices qui tendent à replacer nos flottes sur un pied respectable.

Mais, vouloir de la puissance sans marine militaire, de la marine militaire sans commerce et sans navigation marchande, qu'est-ce autre chose, sinon se proposer l'impossible?

L'application du principe de la liberté commerciale peut seule mettre la France à même de marcher à côté de la Grande-Bretagne. Contester ce fait, ce serait nier en plein midi l'existence du soleil. Les ministres, les Chambres prêteront bientôt l'oreille à la voix de la raison d'Etat, voix puissante, qui l'emporte sur quelques clameurs égoïstes ; mais n'est-il pas permis de craindre l'influence de ce *génie du retardement* qui a déjà, en bien des circonstances, été si funeste aux nations sur lesquelles il s'est appesanti? Rivarol expliquait les défaites des Allemands en disant qu'ils étaient toujours en retard d'une armée et d'une année. Aurons-nous la douleur de voir la France de 1846 en retard d'une idée?

Gustave BRUNET,

Secrétaire-général de l'Association pour la liberté des échanges.

Bordeaux, 30 mars 1846.

BORDEAUX, imprimerie de DURAND, successeur de Lavigne, allées de Tourny, 7.

www.ingramcontent.com/pod-product-compliance
Lightning Source LLC
Chambersburg PA
CBHW060510200326
41520CB00017B/4986